EL TIEMPO SIN NOSOTROS

IRENE ESTEVE

Aliarediciones

Corrección: Eladia Guerrero
Diseño de cubierta: Romina Kornisky
Maquetación: Aliar Ediciones

Depósito Legal: 979-13-87823-85-6
ISBN: GR 1373-2025

Impreso en España

Edita
ALIAR Ediciones
www.aliarediciones.es
info@aliarediciones.es

EL TIEMPO SIN NOSOTROS

IRENE NÓMADA

«Dime, Catarro, ¿por qué si uno sabe nadar flota sin moverse
y cuando no sabe se hunde? —El miedo pesa, hijo».
«Las cosas podrían haber sucedido de cualquier otran
manera… y sin embargo, sucedieron así».
Miguel Delibes

«No hay extensión más grande que mi herida,
lloro mi desventura y sus conjuntos
y siento más tu muerte que mi vida».

«Es tu risa en los ojos
la luz del mundo.
Ríete tanto
que en el alma al oírte,
bata el espacio.

Tu risa me hace libre,
me pone alas.
Soledades me quita,
cárcel me arranca.
Boca que vuela,
corazón que en tus labios
relampaguea».
Miguel Hernández

«Las verdaderas ataduras son las que uno escoge, las que se busca y se pone uno solo, pudiendo no tenerlas».

Carmen Martín Gaite

«Pero si esto es amor, si duele de esta manera, si es capaz de transportarte al cielo y despeñarse al infierno en menos de un momento, que Dios lo bendiga. Yo no quería sentir otra cosa. Hasta me producía placer sufrir esos instantes de desesperanza o soledad. ¡Qué más daba, me decía a mí misma, si apenas con un poco de paciencia me volvía a subir hasta las estrellas!».

Fernando Schwartz

A los que sueñan...
A los que creen que todo es posible.

A Madrid, por la inspiración, por ser casa, por tanto...
Por todo.

PRÓLOGO

Conocí a Irene a través de su sonrisa. Esa sonrisa que traspasaba pantallas hace ya algunos años y que nos conectó de inmediato mediante redes sociales. Un abrazo profundo confirmó que estas dos escritoras íbamos a ser la una para la otra.

Algunas sonrisas las reconocemos como de otras vidas. Sonrisas que son hogar y que te transmiten confianza sin llegar a conocer nunca el motivo.

Con el amor sucede de la misma forma. Hay amores que se cruzan una vez, a través de nuestros ojos, y se quedan para siempre a vivir en ellos. En algún lugar de nuestro corazón en donde guardamos los recuerdos que no queremos perder nunca porque cuando volvemos a ellos volvemos a ser felices, por un instante.

Hay amores que reconocemos nuestros y amores que no llegamos a comprender nunca pero que nos dejaron sin luz. Amores que solo se quedan en una ilusión fugaz y amores que nos atraviesan para siempre, quedando en nosotras el recuerdo eterno de lo felices que fuimos un día, en un momento, en aquel beso.

El tiempo sin nosotros habla del amor y del recuerdo. De la melancolía de lo eterno y de una pasión que viaja en el tiempo. El tiempo sin nosotros te atraviesa despacio a través de sus poemas, donde descubres el amor de dos personas que volviendo a esos momentos que vivieron se han mantenido unidas, en la lejanía de un amor, un deseo y una pasión inmortales.

Siempre me ha apasionado la poesía porque es la expresión más pura de sentimiento. La poesía nos permite adentrarnos en el amor, en su faceta más romántica y esperanzada, y al mismo tiempo arrastrarnos a la máxima expresión del dolor que provocan la despedida y la ausencia.

Qué hubiera sido de aquellos grandes amores que dieron rienda suelta a sus pasiones a través de la poesía si esta no los hubiera arropado, que muchas veces ocultaba un amor que vivía a través del anhelo y del paso del tiempo.

La poesía nos permite ser vulnerables y desmedidos, escribir desde el más puro SENTIR y adentrarnos en el corazón de quien escribe.

Hay poesías que solo tienen vida cuando te enamoras. Del mismo modo que acudes a ella cuando tu vida cambia de rumbo y los días se vuelven insoportables. Sientes que ese dolor ya lo han debido sufrir otras personas antes y buscas cobijo y calma en sus letras.

Palabras que te arropen y te den esperanza. Palabras que salvan. Porque el amor, como la vida, comienza muchas veces, pero lo averiguas con el paso del tiempo.

Quizás la máxima exaltación del amor es vivirlo eternamente en el recuerdo, porque hay amores que nunca mueren. Amores que traspasan el tiempo, el espacio y los ritmos cíclicos de la vida.

Siempre he amado la poesía, me sacaba ese lado mío más enamoradizo y vulnerable. Ese que escondes cuando descubres que el amor a veces duele y ese que te arranca capas de ti misma cuando despierta en ti miradas y anhelos que no conocías.

Os animo a adentraros dentro de vuestro sentir, dentro de Irene y de su corazón, y disfrutar de estas letras que te transportan a Madrid y al frío de sus calles abarrotadas de personas, mientras el mundo, sin percibirlo nadie, se detiene para siempre en el corazón de dos enamorados.

Alicia Antón. Las alas de Samotracia

«Dicen que en la vida todos tenemos un secreto inconfesable, un arrepentimiento irreversible, un sueño inalcanzable y un amor inolvidable».

DIEGO MARCHI

El tiempo me ha enseñado que el amor verdadero no es el que se vive en un presente perfecto. Porque hay amores que no entienden de relojes, ni de distancias, ni de finales…

Tal vez el amor más puro es aquel que sobrevive al paso del tiempo, ese que encuentra su hueco entre el recuerdo y el reencuentro. El que reaparece en cualquier rincón, en una canción o en el reflejo de la luna.

Porque hay veces que amar no significa quedarse… sino seguir latiendo, incluso en la ausencia y el dolor. En la añoranza y el echar de menos.

Este libro es otoño, es invierno, es frío… Pero también guarda todo el calor que siempre te espera a los pies de una hoguera, como esos amores que nunca desaparecen, solo descansan, como las brasas en la mañana, esperando su momento.

PRIMERA PARTE

EL RECUERDO

Cuando se vuelve a pasar por algo que ya se ha vivido…
Y deseas que vuelva a suceder.

LA PROMESA

Te he buscado por todas partes.
Como si fueses algo que tuve una vez
y ahora pudiera coleccionar.
Como si fuera a encontrar tus abrazos,
tus caricias, tus susurros o tus besos
en una estantería, en un mostrador
o entre las páginas de un libro
con las hojas desgastadas y amarillas...
Te he buscado por todas partes.
Pero las luces que un día brillaron
hoy estaban apagadas.
¿Y cómo se puede encontrar un amor
que un día fue y hoy ya no,
en una noche sin estrellas,
en un árbol sin luces o
en una vela que no tintinea?
Te lo prometo.
Te he buscado por todas partes.
Y es difícil mirar sin ver(te).
Porque entre todo lo nuevo a mi alrededor,
cada adorno, cada detalle, cada canción...
Todo, sigue oliendo a nosotros.
A la tranquilidad. La locura.
La despreocupación. Al amor.
A todo aquello que fuimos.
Y hoy... Hoy ya no.

NOCHES INESPERADAS

Las noches siempre son inesperadas.
Vuelvo a callejear por los barrios del pecado,
donde la oscuridad se derrama
ante la mirada atenta de mis ojos.
Mis venas ya no saben nadar,
ahogadas en tanta sangre
y hasta el último de los poros
de mi piel suspira soñando.
Y es que mi corazón no sabe ver,
solo sentir.
Observo la luna constantemente
y siempre viajo a través de ella.
Luces que cuentan cuentos.
Sombras que esconden historias.
Mis ganas se dejan llevar con el viento.
No me encuentro ni me quiero encontrar...
Ahí está el sueño y después, tú.
No sé si me escuchas, ya te lo dije,
las noches siempre son inesperadas.

NAVIDAD

Huele a Navidad,
Madrid brilla como siempre
y yo me siento como nunca.
Quiero estar junto a ti
como aquel diciembre
que (re)aparece en cada esquina.
Celebrar la vida cualquier día
y hacer de un momento sin importancia
la noche (vieja) más especial.

Te miro y tus ojos brillantes
me hablan sin decir nada,
como siempre, como aquel diciembre.
La nariz se me queda congelada
y nuestras manos temblorosas
se buscan entrelazadas.

La distancia se acorta,
y nuestro amor se alarga.
La luz del atardecer
se pierde en el horizonte
y la ciudad brilla igual
que las luces de cristal en tu mirada.

Siento el frío en la cara
y tus suaves besos son
los que me calientan las mejillas
y me encienden el alma…
Me pierdo en el eco de tu risa
y parece que estemos solos,
cierro y abro los ojos.

Ya no estamos solos,
miles de personas alrededor
y a la vez nadie.
Huele a Navidad,
su manto lo ha cubierto todo
y hasta parece que pueda nevar…

Nos miramos,
y no hace falta decir nada
y ahí está la magia…
En aquel diciembre.
En este momento.
En el frío en la cara.
En esta mirada…
que lo ilumina todo,
sin decir nada.

AÑO NUEVO

El año recién estrenado,
todos se felicitan
como si fueran autómatas.
Mientras, yo brindo
pensando en ti
y no puedo evitar
imaginar el choque
de nuestros cuerpos
como el de las copas de cristal.
Inevitable, rítmico, al unísono…

Y sé que puede parecerte fácil,
sin importancia, algo sencillo.
Sé que puedes pensar
«qué tontería…».
Pero si lo piensas detenidamente,
es todo lo contrario.
Conseguir ese choque perfecto
no suele ser habitual.
Ese instante en el que dos copas,
con su simple chinchín,
guardan tantos deseos,
como burbujas flotan en su interior
buscando alborotadas la superficie.

Y entonces, es en ese instante
en el que lo deseas todo,
en el que sientes la importancia
y el peso de nuestra historia,
porque realmente sabes
que te conformarías con nada…
Y es que entonces te das cuenta
de que no quieres que sea fácil,
sino que siendo difícil
sea posible y merezca la pena.

Y es en ese segundo,
donde el espacio
entre una copa y otra
entre un día y otro
entre un año y otro,
entre tu último y
primer pensamiento…
todo coincide.
Es ahí donde
sin lugar a duda…
por difícil que sea
te quieres (y te tienes que) quedar.

OTRO AÑO MÁS

He saboreado principios y llorado finales
sin ni siquiera empezar y terminar.
Me he congelado sintiendo caricias
que quemaban más que el fuego.
Me he ahogado sin necesidad
de meter la cabeza bajo el agua.
Me he columpiado entre las nubes
sin levantar los pies del suelo.
He rozado el infinito en plena oscuridad
paseando por las constelaciones de tu cuerpo.
Me han sangrado heridas ya cerradas
con palabras que dolían como balas.
He querido recuperar el tiempo perdido
en lugares donde solo fui feliz...
Y otro año más,
la sencillez de la luz de tus ojos
brillando tras la luz de Navidad
me hizo ver lo que importaba de verdad.

LLEGA FEBRERO

Llega febrero…
ese que siempre celebramos y que
inevitablemente me recuerda a ti,
porque es nuestro.
Que sabe a desayunos a deshoras,
a paseos fríos, a tardes más largas,
a las primeras flores
y sobre todo
a tus besos con los míos.

Llegó febrero…
Ese que siempre huele
a las rosas que me regalabas,
a tarta de cumpleaños
y galleta en forma de corazón.
A soplar una vela
a través de una pantalla
que increíblemente
siempre se apagaba…
Al frío en la cara
paseando en el Retiro.
A las páginas de un libro nuevo
llamado *Persuasión.*
A una comida sin prisa
en cualquier rincón…

Está aquí febrero…
Ese que nos mira
y nos hace pensar
que todo es posible.
Y me hace imaginarlo todo
como siempre he hecho,
como nunca he dejado de hacer.
Y nos veo tan nítidamente
que nos toco y nos respiro
casi como si te acabara de ver…

Y febrero apunta
y no da puntada sin hilo…
Como el que nos une a nosotros,
ya sea rojo, lila o amarillo.
Y nos veo en aquel restaurante
que casi estaba hecho a nuestra medida.
Donde parecíamos clientes habituales
y los camareros hasta nos conocían…
Donde no necesitábamos nada más
que tu mano junto a la mía…

Y febrero está aquí
y siempre se va demasiado pronto.
El mes del amor, lo llaman…
¡Qué sabrá el amor de febrero!
Cuando es el frío el que lo acompaña
y nuestro calor el que empaña

los cristales de aquel hotel
que nos echa de menos cada mañana.

Y siguen sonando esas canciones
cuando nos miramos a los ojos.
Porque las llevamos tan dentro
que siempre hablan de nuestra historia
aun sin saberlo, aun sin quererlo.

Y ya está… se fue febrero.
Su intensidad nos ha dejado
marcas en las mejillas,
cicatrices en la piel,
abrazos inolvidables,
y ha añadido otro capítulo a esta historia
interminable que nos susurra al oído:
«Es ahí, quédate…».

Y entonces abro los ojos,
soplo las velas
y pido el deseo…
No sé qué es ficción
y qué es realidad.
Pero todo el mundo
a mi alrededor aplaude
y yo sonrío a medias…
porque faltas tú, la guinda del pastel.

Y solo puedo desearte como siempre,
una vez, otra vez y otra más…
Como otro año, pidiéndole a febrero
que se quede y me abrace
haciéndome temblar, haciéndome gritar,
emocionándome solo como tú lo haces
cuando te veo llegar
y puedo por fin tocarte
convirtiéndote en mi realidad…

¿Será que la brevedad
suele dejarnos con ganas de más?

EL FRÍO

Hace frío…
Y es curioso,
porque es el frío
el que siempre
me lleva al calor
de tus abrazos.

Es un frío que se clava.
Que me hiela la nariz
y me sonroja las mejillas.
Un frío que me hace
encoger el cuello
y expirar vaho
cada vez que
suspiro por ti.

Es un frío
que puede ser
el principio de todo
o el final de nada.
¿Pero y si es el fin de todo?
Ese del que todos hablan
pero nunca llega…

Y sin pensar,
entro en un túnel

que me lleva a ti…
Porque si fuera el final
de los finales
te buscaría después
de pedir ese sándwich
en un Rodilla
(que siempre sabe a ti).
Te llamaría
después de escuchar
a Pol 3.14
un día cualquiera
en plaza de España.

Te escribiría
(dándole al botón de enviar)
para avisarte
de que voy a pasear
por enésima vez
donde sé que te encontraré.
Iría a por ti
cada vez que miro la luna
encontrando en ella
tu mirada buscando la mía.

Si fuera ese final…
El de verdad verdadera.
Nos iríamos a nuestro planeta.
Pasaríamos juntos

las últimas horas
que nos quedasen en este.
Volveríamos una noche más
a aquel hotel
que hicimos nuestro.
Coincidiríamos por fin
en los puntos suspensivos
que se quedan colgando
entre nosotros
esperando nuestros besos…

Y sigo sintiendo este frío
que me traspasa la piel
y me llega hasta los huesos…
Levanto la mirada
y te busco, porque
inevitablemente
siento tu calor…
De forma involuntaria
entorno los ojos…
Y en un suspiro contenido
de repente se me escapa
y lo pienso en voz alta:
Ven, este frío huele
al fin del mundo. Ven.
Quédate… abrázame…

LA CONSTANTE

Los besos, en crudo.
Que hagan herida.
El sol da vueltas,
o quizá soy yo.
Que sigo girando a tu alrededor.
Y me hago pequeña,
por si en este nosotros
no existe el «nos»
y nos convertimos en «otros»
que ya no saben quiénes son.

Y sé que podemos ser más
que un reflejo de lo que fuimos.
Que nos hemos convertido
en eso que siempre quisimos.
Y es que siempre irás por delante.
Porque tú eres mi instante,
y yo tu eterna constante…

SIN TI PERO CONTIGO

Has volado a tierras extrañas
sentado junto a mi ausencia.
Y de pronto, he recordado
todas las veces que he volado
«sintiperocontigo»,
estirando las manos
por si en una de esas,
rozando el cielo, te encontraba.

Hay viajes que se hacen
con aquello que anhelamos…
con el deseo y la ilusión
de que pueda suceder
algo inesperado…
Y la imaginación
es tan poderosa
que realmente parece
que sí llega a pasar
de un modo que es tan real
que parece surrealista.

Se hace eco en cada paso
se vuelve tras doblar cada esquina
sonríe al cruzar un semáforo…
Pero de pronto
miras a tu alrededor

y ves cómo se deshace
el espejismo, se esfuma
enfrente de tus ojos.

Y entonces de nuevo
alzo el vuelo.
Me veo en un avión
lleno de desconocidos
pensando en todo
lo que no hemos vivido…

Sonrío en silencio,
siento que te tengo.

Que lo temporal
se hace eterno.
Y que ya nada puede fallar,
nada puede salir mal…

Porque eres tú, tu abrazo,
tu amor, tu cariño…
el que a través del tiempo,
la distancia, el olvido
siempre me espera
para cubrirme con su abrigo.

APRENDER

A lo largo de la vida
he descubierto muchas cosas…
Que es igual de importante
sujetar al que lo necesita
como saber soltar a tiempo.
Que dice más lo que callas
que lo que dices.
Que una mirada
puede salvarte del abismo.
Y unos brazos
pueden calentarte el alma.

A lo largo de la vida
he aprendido muchas cosas…
Que hay que hacer caso a la intuición
porque nunca falla.
Que cuando alguien se va sin más
es por algo, no fuerces.
Pero que si alguien llega
y cambia el rumbo de todo
déjate guiar por las señales,
no las ignores,
que para eso están…

Y luego estás tú,
o bueno, tú estás primero.

Antes de todo
El principio y el final.
Que me haces temblar
con una sonrisa.
Que haces que la lluvia me cale
hasta cuando aún no me ha mojado.
Que con una caricia
le das la vuelta a mi mundo
y con un beso… con un beso
me haces volar a otro universo.

Que con un *te quiero*
haces que mi corazón vaya
más rápido y más lento a la vez…
Y, sobre todo, me has enseñado
que se puede pasar un duelo
por alguien que aún no ha muerto.
Porque al final entendí que el duelo
es solo el amor que no tiene a donde ir
y se queda ahí… donde más duele.

Y aparece en forma de canción,
de lugar, en un olor,
un sabor, una sensación,
una calle, en un rincón, en un recuerdo…
Y se transforma en el amor
más inmenso del mundo
esperando hacerlo llegar
a quien corresponda.

Yo te lo escribí…
todo, durante años.
Y ahora que puedo expresarlo
me rebosa por cada poro de la piel,
se me sale a cada instante
para hacértelo llegar.
Así que si me preguntan
nunca habrá duda…
Tú, y solo tú,
me has enseñado a AMAR.

DIME TÚ...

Se laminaron mis pasos,
al compás de mis silencios.
Y las hojas se escamaron,
bajo el crujir de mil historias.

Son mis manos,
siempre con prisa,
las que buscan enredarse
entre todos tus otoños
que lucen vestidos de recuerdos
entre suspiros y café
(siempre en vaso de cristal).

El Retiro nos vuelve a mirar,
y antes de que las hojas
toquen el suelo y cambien
sus verdes esmaltados
por las notas en ocre
que bailarán una vez más
entre nosotros,
quiero ver el marrón de tus ojos
brillando con los míos...
Haciéndonos temblar.

Y dime tú,
quién es quien piensa.

Dime tú,
que no es verdad.
Dime tú,
que ahora ya no hay nada,
que nuestra magia no es real…
Que ahora las ramas cuelgan,
pesan y no caen por voluntad.
Se dejan llevar sin preguntar,
y nos esperan otro otoño más,
tiñendo de melancolía la ciudad.

PENSAMIENTOS TRANSEÚNTES

Se oye una canción a lo lejos
que no consigo reconocer.
Un silencio grita nuestros nombres,
por lo que pudo haber sido
pero se quedó con las ganas de ser…

Hay historias que llegan
en el momento equivocado
y se quedan flotando
en el mar del destiempo.
(¿Acaso hay momento
correcto para algo?).

Y yo siempre he sido más de vivirlo
que de imaginarlo.
Porque lo primero duele,
pero lo segundo
siempre duele más.
Quién sabe cuántas espinas
se han quedado clavadas
esperando que alguien
las saque de ahí.

Y, ¿sabes qué?
Creo que el problema
es que sí he reconocido

la canción que sonaba a lo lejos,
esa que escuchábamos
con los ojos cerrados
y las manos entrelazadas
comiéndonos a besos…
y me ha traído hasta aquí,
entre pensamientos transeúntes
que no sé dónde van.

Pero seguiré deambulando sin rumbo,
persiguiendo cualquier pensamiento
que me lleve cerca de donde puedas estar…

Seguiré creyendo que algún día,
pase el tiempo que pase,
en cualquier momento, en cualquier lugar,
cuando menos lo esperemos, sucederá...

LUZ DE LUNA

Después de tanto tiempo añorándote
tuve que buscar un refugio
que me ayudase donde las letras
no podían llegar… porque hay ideas,
pensamientos, sentimientos
que por mucho que quieras
siempre se quedan dentro…

Sentía una desesperación, una desazón,
un sinsentido que me producía
una quemazón interior
que me alteraba el corazón.
Y entonces, en una noche cualquiera,
de un febrero que siempre es nuestro,
solía buscarte en cualquier rincón.

Entonces la miré y me miró.
Y sonreí sabiendo que había encontrado
a la mejor confidente del mundo…
Ella que siempre era la que
nos unía en las noches en vela.
Que tantas veces me trae a ti
y otras a ti me lleva…
La que hace del espejismo
un abismo que no cesa.
La que escucha mis suspiros,

mis plegarias, mis tristezas.
La que sabe que tus besos
son mi bien más preciado.
La que conoce que mi patrimonio
solo reside en tus abrazos.

Y le hablo en voz bajita,
le susurro en un suspiro
que tus caricias son mi refugio,
que tu calor es mi abrigo.
Que tu mirada es la luz
que ilumina mi camino.
Y ella mengua sin descanso,
mira hacia el otro lado.
Te busca en un desespero
para hacerte llegar mi deseo.
Porque sabe que la estás buscando
y que siempre la estás mirando…

Luna blanca de nieve,
nuestra luna de febrero,
guárdame esta verdad
que es mi mayor secreto.
Este amor que llevo dentro
y solo quiero sacarlo
para que se lo hagas llegar
a ese hombre que no olvido
y que imagino y deseo

no sabes de qué manera…
No sabes cómo ni cuánto.
Y quizá nunca lo sepas…

Guárdame, luz de luna,
mi secreto silenciado,
que quiero gritarlo
para dejarlo volar, libre y alto.
Guárdame mi deseo, mi amor,
mi bien más preciado.
Este anhelo, este recuerdo,
esta pasión contenida
que se hace inmensa
y me invade más cada día.

Guárdame todo esto bajo llave,
que en la ternura de sus manos
él siempre tendrá
ese candado que una vez cerramos
y es donde reside
todo aquello que añoramos.

LLEGAR A TI

Te escribí a escondidas…
En silencio.
Es cierto, lo hice.
Y dejé un pensamiento
en cada esquina de la ciudad,
para que me sintieras si no lo hacías…
Y le conté nuestro secreto a la lluvia,
por si algún día no llevabas paraguas
poder calarte hasta los huesos y llegar a ti.
Y le pedí al viento que te envolviera
con el eco de tu nombre junto al mío.
Como siempre soñamos…
Como siempre hicimos.

Y sí, te escribí,
porque era inevitable
no dejarlo todo por escrito.
Y es que no sabes cuántas
cartas con tu nombre intenté romper
haciendo borrón y cuenta nueva…
Ni cuántas cosas intenté contarte
en un idioma al que le sobran las palabras.
Ni cuántas veces conjugué
en silencio la primera persona
del presente del verbo amar…
YO (te) AMO.

Te escribí… o quizá no…
Pero mi mente lo hacía
sin pedir permiso…
Y es que te escribiría siempre
con el fin de encontrarte.
(Otra vez…).

EL ÚLTIMO BAILE

Son tus abrazos ausentes
los que me hacen sentirte
como un día conseguí hacerlo.
Qué raro seguir imaginando
que hago contigo
todo lo que ahora hago sin ti.
Me aprendí cada línea de tu sonrisa
como quien aprende
cada letra del abecedario
y ahora ya no hay forma
de sacarla de aquí.

La noche, irremediablemente,
se ha apagado y la luna nueva
brilla por su ausencia.
Sabes que sin pedirme nada
lo tienes todo, simplemente porque soy así.
Ahora la inmensidad flota
sobre nosotros creando un abismo que,
por muy cerca que estemos,
siempre consigue separarnos.

El silencio se hace eterno
y es esa melodía que no puedes dejar
de escuchar en tu cabeza
la que ha llenado de magia el cielo.

Y nos resulta muy difícil resistirnos,
así que concedámosle este último baile…

SEGUNDA PARTE

EL REENCUENTRO

Encuentro de dos personas que chocan una contra otra.
Volver a hacer realidad el recuerdo.

EL TIEMPO SIN NOSOTROS

Yo no sé si te has dado cuenta
porque es casi imperceptible…
Pero los días han empezado a acortar
y anuncian el final de un verano
como en el que nos conocimos.

Veo nuestro reflejo en el cristal
mientras la ciudad se enciende
y nos mira silenciosa…
Desde aquí es difícil saberlo
pero las estrellas ya están brillando
y al vernos pasar han pensado
en pedir un deseo,
dicen que los fugaces somos nosotros.

El tiempo sin nosotros
se ha hecho eco en cada rincón de la ciudad
y esas calles que nos abrazaban
no dejan de sonreír con cada beso,
con cada mirada, con cada caricia…

Y yo empiezo a pensar que SI(empre)
puede ser para siempre.
Que las marcas del corazón
son las que nunca se borran.
Que los sentimientos controlados
se han desbordado.

Que las señales hablan gritando(nos)
y están por todas partes…
Porque hay amores que van
más allá de todas las normas,
que se salen de los márgenes,
del guion, y pueden con todo lo anterior…

Me has dejado caer
en el vacío de tus ojos.
Y ahora solo puedo sentir esa sensación
de vértigo en el estómago
que me hace subir y bajar
a tu antojo…
No sabía que con solo mirarte
podía estar subida
en una montaña rusa.

Pero ya ves.
La vida sigue siendo inesperada.
Sorprendente. Y qué bonito…

TRECE OTOÑOS SIN TI

He vuelto a pasear por las venas asfaltadas
intentando que me lleven a tu corazón.
Que es mi lugar favorito en el mundo…
Donde siempre me siento segura
y en el que pase lo que pase,
en cualquier momento, soy feliz.

Cierro los ojos y una sonrisa
se dibuja sin permiso en mi cara.
Así es tu efecto sobre mí…
Todo pasa de forma involuntaria,
simplemente está escrito y sucede.
Porque tiene que ser así.

Sigo paseando y persiguiendo
tus caricias, tus besos, tus abrazos…
Y el bombeo de tu corazón
no hace más que resonar en mi memoria.
Se queda perenne, haciendo eco…
Oigo tus *te quiero*, me llenan tus *te amo*,
me hacen temblar tus *te deseo*…

Y es que no sé cómo se puede (sobre)vivir
a trece otoños sin ti…
Sin sentir el calor de tu pecho.
Pero aquí estoy.

Paseando por estas calles
que siempre me llevan a tu lado.
Que me hablan de todo lo que fuimos
y me impulsan para soñar
con lo que seremos.
Porque da igual
cuántos atajos coja
si corro en tu dirección
o justo en el lado opuesto…

Cualquier camino
me lleva a tu corazón.
Que late conmigo,
porque, durante todo este tiempo
sin pensar en ello, casi sin saberlo,
ha seguido siendo mío.

UN POCO MÁS

Te veo
y es como si
volviera a vivir.
Unos días sin ti
y creo que voy
a volverme
completamente loca.
Es enfermizo…
Pero me encanta.

Esa sensación,
como si mi mente
mi pensamiento
mi subconsciente
todo a la vez
estuviera conectado a ti.
A todo lo que haces
todo lo que dices
todo lo que piensas…
Y te viera tan nítidamente
como si te tuviera delante.

Y ojalá no tener
que separarme de ti.
Porque la vida sin ti
pesa… se hace espesa.

Y cuesta avanzar.

Pero con cada ráfaga
de luz que alumbra
en esta oscuridad
que me inunda
sin pensar,
consigo andar,
más ligera…
Consigo seguir
y así esperarte,
un poco más…

ERES TÚ

Eres mi calma
Eres mi tormento
Eres mi antídoto
Eres mi veneno
Eres mi cordura
Eres mi locura
Eres mis ganas
Y mis no hacer nada
Eres mi alegría
Eres mi tristeza
Eres mi llanto
Eres mi consuelo
Eres mis preguntas
Eres mis porqués
Eres mi soledad
Eres mi compañía
Eres mi ruido
Eres mi silencio

Eres mi TODO
ERES TÚ

SEIS MINUTOS

Me hablas de lo que sientes
porque nosotros somos así…
Nos decimos todo.
Lo bueno, lo malo,
lo mejor, lo peor.
Lo bonito, lo triste,
todo lo que fuimos,
todo lo que seremos…

Cualquier sentimiento
es compartido
porque lo nuestro es así.
Mi amor por ti se sale.
¿De dónde?
Pues de todas partes.
Se me escapa
entre los dedos
que solo quieren tocarte
y estar junto a ti…
Se me va por la boca
en forma de te amo
te quiero, te deseo,
y no me canso de
repetirlo una y otra vez.
Se me ve en los ojos
que brillan con tu presencia

se desatan con tu esencia
y se convierten en cometas
cuando por fin te encuentran.
Se me nota en la
forma en que me muevo
cuando estoy junto a ti
porque eres mi sol,
yo orbito a tu alrededor…

Y así como si nada
me hablas de una teoría
que dice que antes de morir,
que justo antes de
que todo sea historia,
el cerebro solo puede recordar
los momentos felices,
situaciones agradables,
excitantes, de cariño,
de ternura, de amor…
Y yo no sé a dónde
quieres llegar.

Pero entonces sigues…
Y llegas, llegas de golpe.
Porque resulta que esa fase
dura siete minutos.
Y así, como si nada,
me dices que yo seré

seis de tus siete minutos.
Y es que no tienes ni idea,
pero en ese instante
todo se para.
Mi mundo colapsa.
Y quizá yo entro
en ese túnel de recuerdos…

Porque todo se nubla
Pero increíblemente
lo veo todo,
absolutamente todo
con una claridad,
como las lágrimas
que recorren mi cara…

Y es que no te das cuenta
pero así eres tú,
así es tu efecto sobre mí.
Porque hablando de minutos
te ha bastado un solo segundo
para acariciarme el alma
y derrumbar mi mundo…

10 MINUTOS

Han pasado diez minutos.
Solo diez minutos…
Y en esos minutos,
que si lo piensas en segundos
son muchísimos…
—seiscientos, para ser exactos—
pueden pasar millones de cosas
que si las fraccionas, analizas,
piensas, interiorizas…
parece hasta ridículo.
Absurdo, un sinsentido.

Pero es que puedes
besarme y ocasionar
un huracán en la otra
parte del mundo.
Puedes acariciarme
haciendo que los
planetas tiemblen.
Puedes susurrarme
una canción que
habla de nosotros
y hacerme sentir
como en otro universo…

Puedes hacerme el amor
y provocar miles de tormentas
que se quedan
centelleando en mi interior.

Pueden pasar miles de cosas
en esos diez minutos,
que parecen pocos
pero que a mí
se me hacen eternos.
En los que me podría ahogar
porque son los diez minutos
más largos que he vivido nunca…
Y a quien se lo digas no te creerá
porque es imposible creerlo…
Porque quizá parezca una locura.
Pero es que a mí
me han dejado sin aliento
Porque, mi amor… yo me pregunto…
¿cómo se puede sobrevivir
a diez minutos sin tus besos?

CAMINOS

Hay caminos que tardan
mucho tiempo en llegar a juntarse,
pero una vez que se cruzan
sabes que ya no van a separarse jamás.
Por muchos baches, curvas,
derrapes o impedimentos que surjan,
llega un momento en el cual
todo se calma y ese miedo, duda,
o incertidumbre que sentías desaparece.
Porque al otro lado del camino
están los ojos de esa persona mirándote…

Quizá el tiempo de espera
parezca entonces una eternidad
y te preguntas por qué
ha tardado tanto en aparecer,
por qué no en otro momento…
pero sabes que cualquier cosa anterior
ha merecido la pena
y llegar a donde estás ahora
le da sentido a todo.

En esta nueva aventura
cualquier cosa es especial…
Una mirada, un beso, un abrazo,
un paseo, una sonrisa, una caricia,

compartir una *pizza* en la cama
o quedarse dormido
en el sofá viendo una película.

Y ahí está la MAGIA,
esa que hace cosquillas en el corazón,
en que un simple detalle es emocionante
y cada día se convierte en una
nueva aventura por descubrir.

Y entonces el camino se vuelve fácil,
dulce, cariñoso, divertido... se vuelve único.
Convirtiendo cualquier detalle en especial.
Y es que hay personas que
una vez que el destino las une
se completan la una a la otra
para hacerse mejores y no separarse jamás.

HA VUELTO

Ha vuelto el otoño…
Un otoño como aquel
que crujía en el Retiro
bajo nuestros pasos.

Y es raro
que todo siga intacto,
que ahora tus caricias
hagan arder mi piel
y me ericen el corazón.
Que me hagan esas cosquillas
que te hacen risa,
de manera inevitable…

Encuentro señales
en cada paso que doy.
En este camino
que solo habla de nosotros.
Unas llaves como las de
aquel candado que pusimos
prometiéndonos un amor para siempre.
Una frase que dice todo lo que sentimos…
hasta el aire huele diferente,
el ambiente brilla de otra forma
y esos detalles que parecía
que no tenían importancia

han desbordado el vaso
haciendo que el amor contenido
rebose por todas partes…

Y es que la vida contigo es así,
cualquier detalle sin importancia
sobrepasa al resto y
hace que todo sea único.
Ha vuelto el otoño
y todo cambia alrededor:
los colores, el ambiente, la luz…

Pero nuestro amor perenne
sobrevive a esta manta
de hojas caducas
que sigue crujiendo
como crujía aquella vez.

Ha vuelto el otoño,
huele a castañas asadas,
la ciudad nos tiene ganas
y nosotros nos miramos
sabiendo que somos cómplices
de un amor que nunca se acaba.
Y este otoño viene frío.
Pero ya da lo mismo
porque este frío
sin lugar a duda…
solo lo calma tu abrigo.

LA ESPERA

Hay esperas de dos horas
que pueden equivaler
a dos años entre nosotros.
Siento el frío. Un vacío…
Y después, nada.
Solo el abismo.
Una caricia que no llega
y la incertidumbre.
Esa que lo inunda todo,
la que ahoga, aprieta,
llama sin avisar
y desintegra sin tocar.

Yo sigo mirando,
te espero, esperando
que aparezcas
como aparece la magia
en esos cuentos
en los que nunca
dejamos de creer.
Y es que, antes de todo,
después de todo,
eras tú. Eres tú.
Siempre lo has sido…
Siempre lo serás.

Y rozo con la punta
de mis dedos el quizá.
El quizá sí.
Y la esperanza brilla.
Todo se vuelve luz
porque quiero creer,
tengo que creer.
En ti… en nosotros.
En lo que siempre ha sido,
en lo que nunca
ha dejado de ser.

Y siento nuestros besos
que son como un huracán.
Me pierdo en nuestras miradas
que unidas mueven el sistema solar.

Y ¿qué más da el qué dirán?
Si a cientos de kilómetros
consigues hacerme temblar…
Y dime que el quizá
será nuestra verdad,
quédate a mi lado,
un para siempre eterno
que dure un rato más.

DONDE TODO EMPIEZA

Te he mirado a los ojos
y es como si el Big Ben
tuviera ahí su origen…
Me tintinea el alma
cada vez que te toco.
Sí, como las estrellas.
Porque me haces
brillar como ellas.

No sé cómo sostener el mundo
si no es entre tus brazos.
Y es que ahí es
donde todo empieza…
Donde nada termina.
Da igual todo lo demás,
que pienses en los «ojalá»,
que intentes pensar
que no puede funcionar…
Porque cuando nuestros
ojos se encuentran,
nuestras miradas se cruzan…
Nuestras pieles se tocan,
nuestros labios se besan…
Sabes la verdad.
La única idea posible
sobre nosotros.

La excepción de la regla.
La certeza inquebrantable
tras el paso de los años…

De que el sentimiento
que nos mantiene unidos,
conectados, ilusionados…
Es surrealista. Es perenne.
Es mágico. Es único. Es nuestro…
E irremediablemente nos abraza.
Nos hace sentir igual, entendernos
a un nivel que va mucho más allá.

Porque tu amor es mi detonante
para que todo se mantenga vivo
y nunca deje de volar...
Por eso pase lo que pase
TODO merecerá la pena.
Por eso siempre dará igual,
que las consecuencias duelan.
Porque es tu AMOR
el que siempre compensa.

AMOR...

Tengo que llamarte AMOR.
Quizá seamos un poema,
el poema más bonito del mundo
(o tal vez el más triste...).
Quizá seamos sus letras,
su métrica o su esencia.
Y en esa conjunción,
cuando nuestras miradas
bailan juntas, se funden,
se abrazan, se iluminan,
conseguimos hacer música
sin juntar ni una sola nota.

No sé si somos nosotros
los que beso a beso
hemos escrito esa canción
que grita nuestra historia...
O si es ella la que nos
ha compuesto a nosotros...

Y es que cuando estamos juntos
conseguimos que el mundo
baile en silencio a nuestro alrededor
siguiendo el compás que marca
cada latido de nuestro corazón.
Un mismo sentimiento

es el que anida en nuestro interior.
Ese que solo entendemos los dos,
tú y yo, porque desde el primer instante
compartimos esta conexión
que habla por sí misma…
Que nos busca, nos encuentra,
sin porqués y sin razón.
Sin buscar una definición,
sin necesitar ninguna certeza
porque ninguna es necesaria
cuando se trata de nuestro amor.

No es necesaria cualquier respuesta
que confirme nuestro amor…
Y es que en cada latido compartido,
cada beso, cada caricia,
cada mirada, cada abrazo…
Sabemos todo lo que dice,
todo lo que calla,
todo lo que guarda.

Todo lo que somos, lo que nunca
antes habíamos conseguido ser.
Y es que lo que somos
es mucho más que un deseo,
un capricho o una canción…
Lo que somos es mucho más que suficiente
y aunque espere en silencio su momento

SIEMPRE estará despierto,
gritando en nuestro interior.

NOCHE DE REYES

Dice Vetusta que sin carbón
no hay Reyes Magos…
Como no hay yo sin ti.
Como no hay magia
si no puedo tenerte cerca.
Mi noche de Reyes
tiene un rey indiscutible.
Y ese eres TÚ.

Has montado una
tienda de campaña
en un hueco de mi corazón
y reinas a tus anchas
sabiendo que nadie
podrá gobernarlo
como lo haces tú.

Siempre pienso
que no hay suficiente
declaración de amor
para que entiendas
cuánto te amo…
Pero voy a intentarlo.

Imagina que eres mi rey
y mi estrella fugaz a la vez…

Guías mi camino
y llevas contigo mi mayor regalo:
A TI.
Porque no hay nada mejor
que sentir el calor
de tus abrazos
rodeando mi cuerpo.
Sentir tu aliento en mi piel,
poder entregarme a tu risa
y perderme en tu mirada
cuando se funde con la mía.
Y es que siento este vacío,
este abismo que
me deja sin respiración
y al mismo tiempo
me da la vida.
Y todo tiene más sentido
del que nunca antes había tenido.

Y quiero saltar
y llenar el vacío
con tus besos,
que son los besos
que necesito
sentir cada día…
Y que el abismo
se inunde de estrellas
y al final siempre

estés tú…
iluminando cada paso,
pero que todos
y cada uno de ellos…
sean siempre contigo.

EL TIEMPO Y LA DISTANCIA

Hay personas que
aparecen en nuestra vida
y desde entonces ya nada
vuelve a ver lo mismo…
Porque el mundo comienza
a girar de una forma distinta
y nunca recupera
la velocidad inicial.

Esas personas llegan
desmontando mitos
y cambiando el rumbo
de todo lo anterior.
Te demuestran que
el tiempo y la distancia
carecen de importancia…
Que la esencia está
en tener esa conexión
de la que todo el mundo habla
pero nadie tiene…

Esas personas lo ponen
todo patas arriba
en un abrir y cerrar de ojos
sin que ni siquiera te des cuenta.
Y nos dan paz y locura,

todo al mismo tiempo,
y entonces sabes que siempre
pase lo que pase es ahí.

Esas personas puede
que desaparezcan,
que les pierdas la pista,
que no sepas de ellas
aun estando muy cerca…
Pero sonríes porque
tienes la certeza de que
pase el tiempo que pase
siempre serán nuestra
mayor debilidad…

Y es que hay personas
que llegan sin hacer ruido,
de puntillas… pero dejando
huellas imborrables
que durarán toda la vida.
Porque son hogar, son risa,
son luz, son calma, son pasión,
son ganas, son tranquilidad…

Hay personas que, simplemente,
son para siempre.

EL PRIMER PASO

Quizá el comienzo
sea siempre complicado.
Dar ese primer paso
sintiendo el peso
de lo que dejamos atrás.
Puede que se respire
un aire diferente
cuando te enfrentas
a todo aquello
que está por llegar.
Solo escuchas silencio
y queda el eco de tu voz
repitiéndote una y otra vez
esas dudas que aún
bailan en tu cabeza
como si fuesen las pisadas
de alguien que te persigue.

Pero sigues… no paras.
No sabes cómo, ni porqué,
pero todo te empuja
a ese principio que se
convierte en precipicio
y te olvidas de lo difícil
y sabes que todo saldrá bien…

Y es que la vida va de eso.
De finales y principios,
de terminar y empezar.
De saltar al abismo
porque apuestas el todo
a la red de sus abrazos
y el salto te hace temblar
pero a la vez
sientes una paz
que no habías sentido jamás.

Y por eso lo sabes,
no hay otra opción.
Que el camino fácil
nunca tiene sentido ni razón,
nunca lleva a ningún sitio
que te haga suspirar de emoción…
Y que ese salto al vacío,
ese empujón, es el que
te salva de todo.

Y por eso lo sabes…
Que es ahí. Es aquí.
Pero siempre que sea
será junto a ti.

KM50

He sentido la soledad
durante demasiado tiempo.
Es como un vacío inmenso
donde buscas y buscas
pero no encuentras nada…
Sentirte sola
estando acompañada.
Saber que aunque estés
rodeada de gente
sigues buscando
por si aparece
en el momento
menos pensando…

Y de pronto haces que pase,
te sinceras contigo y con él.
Porque no puedes guardarlo
durante más tiempo dentro.
Y te das cuenta de que no
ha cambiado nada,
que todo sigue igual
que ahora incluso es más.
Mucho más…
Más real.
Más maduro.
Más consciente.

Más… NUESTRO.

Y quieres que sea para SIEMPRE.
Porque no puede ser
de otra manera.
Porque la vida sin él
no tiene sentido,
porque nunca lo ha tenido…
Hasta que llegó.
Y desde entonces ÉL.
Siempre él. SOLO ÉL.

Y todo avanza.
Va saliendo.
Va creciendo…
Las ganas.
El deseo.
Los sentimientos.
Los encuentros.
El amor…
Este amor increíble,
imprescindible, impresionante,
infinito, inmenso, inhumano,
INTERMINABLE…

Y entiendes que la distancia
nunca ha sido un problema.
Que estando cerca

habéis estado más lejos que nunca.
Pero a la vez tranquilos
sabiendo que estabais ahí.
Y estando lejos…
os sentís más cerca que dos
personas que están
a escasos centímetros.

Y queréis romper barreras…
Derribar muros y no
soltaos de la mano nunca más…
Porque hay una necesidad
que también crece.
Y no deja de crecer…

Buscáis un equilibrio en el camino,
que siempre habéis esperado,
que siempre habéis perseguido,
que siempre habéis anhelado,
aunque hayáis mirado
hacia otro lado…

Y no hay mayor amor
que sentir que ya no hay dudas.
Que es ahí. Que es junto a ti.
Porque no hay un lugar
más seguro en el universo
que sea entre tus brazos.

Porque no hay casa
que sea más hogar
que tus besos…
Porque no hay sitio más especial
que tu mirada frente a la mía…

Y es ahí. En el kilómetro 50
de una carretera que lleva
escrita nuestra historia,
donde nuestro amor
quedó grabado hace tiempo,
donde vuelvo a encontrarte.

Y ahí, justo ahí…
es donde sentimos ese calor
que hemos esperado
durante todos estos años.
Y así… sin más,
lo hacemos nuestro
tatuándolo en nosotros…
PARA SIEMPRE.

EL PENSAMIENTO CIRCULAR

Hay certezas. Verdades. Realidades…
que simplemente son así.
Como el pensamiento circular
que canta Iván Ferreiro
y que me hizo ver que realmente
la vida se mueve en círculos…
Como la Tierra, la Luna o el Sol.
Y que todo empieza contigo
y acaba en ti…
Como la certeza de que en 24 h
el reloj marcará las 12
dando paso a un nuevo año.

Y entonces, en ese instante,
en el que compartimos uvas
a cientos de kilómetros de distancia,
serás mi deseo, mi sueño,
mi pensamiento constante.
Y brindaré por ti…
esperando que te hagas realidad
(un año más…).

Tan verdad como que
daremos la vuelta al calendario,
y el 1 de enero estará esperándonos
sabiendo que volveremos a vivir

un invierno recordando aquel
que fuimos nuestros…
Y cerraremos los ojos
sabiendo que estaremos conectados
por ese hilo invisible
que termina con un candado
en el lago del Retiro.

Y es que realmente me da igual
dar vueltas en círculo,
ser el pez que se muerde la cola
o la peonza que no deja de girar…
Porque cada inicio empieza contigo
y cada final termina sin ti.
Y es que eres tú el que está
en cada principio de cada pensamiento
y al final de cada suspiro…
Y es que entre un año y otro
yo solo podré desear
que en cada vuelta que da la vida
seas tú quien me espere
para volver a empezar…

ATADURAS

Febrero está a la vuelta de la esquina
y nos mira silencioso y expectante
porque volvemos a ser nosotros
(¿acaso en algún momento
dejamos de serlo?).

Es increíble que nuestro mes
sea el del amor por excelencia…
¿Casualidad? No lo creo.
¿Destino? Puede ser…
Porque contigo todo es posible.

Enero es un poco para
hacer borrón y cuenta nueva.
Pero todo cambia si me
regala momentos junto a ti,
porque entonces
no quiero borrar nada.
Quiero dejarlo todo
tal y como está…
Y susurrarle al oído,
muy bajito, que pare,
que se detenga,
aunque sea para conservar
un poco más el sabor
de tus labios en los míos…

Hacer que ese café
en medio de la nada
se convierta en
una conversación sin fin
que dure más de trece
años junto a ti.
No perdernos nunca
y si es que lo hacemos
no dejar de encontrarnos jamás…
Porque sí…
Eres tú, conmigo.
Soy yo, junto a ti.
Da igual por dónde lo mires
porque este nosotros
nunca termina…

Es como una noria
que gira y gira
dando vueltas
a esta historia interminable
que es nuestra
y solo entendemos tú y yo,
porque no tiene
que entenderlo nadie más.

Y me paro a pensar detenidamente…
En nuestro amor. Nuestra esencia.
Nuestra conexión inexplicable.

Mientras nuestro febrero
me acaricia la espalda suavemente,
tal y como haces tú…
¿Quién más necesita entenderlo?

Si TÚ eres el sujeto,
que me sujeta a la vida.
Si por mucho tiempo que pase
no hay una versión más mía
que la que es tuya…
Y estará atada a ti
de por vida…

PREPARADA PARA TI

Yo pensaba que estaba
preparada para todo
y resulta que no estaba
preparada para nada...
Yo no estaba preparada
para que aparecieras
como si fueras un huracán
que arrasa todo a su paso
conforme llega...

Yo no estaba preparada
para que te convirtieras
en alguien tan importante
como el aire que respiro,
que pasa inadvertido
pero a la vez es imprescindible...

Yo no estaba preparada
para que fueras
mi deseo constante
en cada cumpleaños
en cada estrella fugaz
en cada once del mes
y nunca me canse de desearte...

Yo no estaba preparada
para sentir un millón
de mariposas revoloteando
en mi interior… y resulta
que ahora viven dentro de mí
y anidan, no quieren
irse nunca de aquí…

Yo no estaba preparada
para recordarte en todo momento.
En lo vivido y en lo deseado por vivir.
En lo pasado, en el presente,
en el futuro esperanzador…
En los sueños cumplidos
y en todos los que quedan por cumplir…

Yo no estaba preparada
para querer vivir todo contigo
y nada sin ti…
Para anhelarte, añorarte,
pensarte y soñarte así…
como si estuviese hecha
solo para ti…

Yo no estaba preparada
para amarte así de esta manera
incondicional, interminable,
infinita, irremediable…

Para quererte así,
con mi vida entera.

Pero aquí sigo,
después de todo
día tras día
con más ganas que nunca
aprendiendo para estarlo…
Para estar preparada para TODO
Para estar preparada…
POR Y PARA TI.

INVENCIBLES

Todo es blanco aquí…
Y nosotros desdibujamos
estas sábanas que
ya conocen nuestra historia,
porque han estado impregnadas
de nosotros muchas otras veces…
Y nos recuerdan esbozando una sonrisa.
Ahora se ha quedado vacía esta habitación
oliendo a nosotros…
a ese olor que solo es nuestro.

Se han quedado nuestras caricias
colgando en las paredes
y la bañera está impregnada
de un amor que no se acaba…
Que es eterno, interminable,
y que inevitablemente es irremediable.
Un aroma a fresas lo embriaga todo
como nuestros besos dejando
ardiendo nuestra piel.
Y aún saben a fresa mis labios,
tal y como ya lo hicieron,
que se mezclan con los tuyos
convirtiéndose en únicos. Irreversibles.

Hay un halo de ganas que me invaden
y me hacen desearte sin medida alguna.
Y es que esta pasión me hace cosquillas
donde nunca antes las había sentido…
Y te siento dormido entre mis brazos,
oigo cada latido que tiembla en tu pecho.
Y te abrazo, te calmo, te amo…
Me quema el calor de tu cuerpo
que reposa junto al mío…
Y el deseo se hace eterno.

Me pides que te cante.
Y yo lo hago, porque eres mi debilidad,
«hay veces, ni muchas ni tampoco pocas,
que pienso en ti…»,
y todo sigue bailando en esta habitación,
que aun estando vacía
sigue llena de nosotros
porque siempre ha sido nuestra.
Nunca ha dejado de pertenecernos
y en ella seguimos siendo esos
que nunca hemos dejado de ser…

Porque juntos somos invencibles.
Y es que nunca sabes cómo es
de fuerte lo que sientes
hasta que decides intentar salir corriendo
y te das cuenta de que no puedes…

Porque da igual donde vayas
y los kilómetros que recorras,
nunca hay distancia entre nosotros
que esté lo suficientemente lejos
para dejar de sentir lo que siento…

Y es que aunque resulte difícil de entender
no se puede huir de aquello
que está destinado a estar contigo,
porque de un modo u otro
siempre acaba encontrándote
para quedarse donde se siente
este amor tan puro e infinito.

LA ALINEACIÓN DE LOS PLANETAS

Es increíble que justo ahora,
en el final de este febrero
que sabe a todos los finales,
los planetas se alineen…

Ahora que casi ya no estamos juntos
pero que casi saboreo tus labios
y bailo en los anillos de Saturno
al compás que marcan
tus dos pies izquierdos…
Resulta que lo asombroso
especial… único… increíble…
no es el hecho en sí.
Sino que se volverán a alinear
en el año 2040.

Y me pongo a pensar
en todo lo que puede pasar.
Que estemos, que no…
Que estemos juntos, que no…
Sí, no, sí, no, sí…
(Los pétalos de la flor siempre dan
la respuesta que no nos gusta).
Si te paras a pensarlo,
tiene que pasar el tiempo exacto
que nos separa

(y casi el que nos ha separado)
para que este hecho
suceda de nuevo.
Entonces, yo tendré tu edad ahora
y el año marcará
la que tú tenías entonces…

Y es que si te das cuenta
de un modo u otro
todo nos conecta…
«El movimiento circular…».

(Claro que te la canto…
Te cantaré siempre que me lo pidas).
Y es que entre tú y yo
las casualidades no existen.
Todo está completamente planificado
para que encaje en un engranaje
perfectamente imperfecto.
Y cuando digo todo…
es absolutamente todo.
Es algo a lo que nunca te acostumbras
pero terminas por entender
que simplemente es así.
E inevitablemente te hace sonreír.

Que te regalaría todas las estrellas
ya lo sabes…

Que pondría una escalera
para subir a la luna
y bajártela si me lo pidieras
también deberías saberlo…
(Porque yo mataré monstruos por ti).
Y es que no hay universo suficiente
cuando se trata de perderme
en el brillo de tu mirada con la mía.

¿Crees que es casualidad este frío?
¿Estos días grises y la lluvia
tras nuestros pasos?
Sabes que no…
Es otra consecuencia
del poder de nuestra conexión
y es que todo está triste sin nosotros…
Es solo otra puntada más
de este hilo rojo que nos une
en esta galaxia infinita…
Que se expande una vez más
ante nosotros y este amor infinito
que nos mira a los ojos sin entender
que otra vez pase esto…

Y es que en mí siempre encontrarás
esa luz encendida
en medio de la oscuridad
para que sepas que hay

alguien que te espera
cuando más lo necesites…

Que por ti alinearé planetas,
iré al kilómetro cincuenta.
Conseguiré que los Reyes Magos
hagan magia de verdad,
sorprenderte sin avisar…
Y darte todo lo que te pueda dar.
Porque así es mi sentimiento por ti,
un sinsentido, que le da sentido
a todo lo demás…
y cuando nuestro amor consiga ganar,
entonces, solo entonces,
todo se calmará, el caos, las dudas,
este vacío que no sé con qué llenar…
todo pasará… todo…
volverá a su lugar.

LAS 11:11 LAS 22:22

Espero (im)pacientemente
mientras hago cualquier cosa,
y voy mirando que llegue
esa hora en la que te deseo
cada día, cada hora,
cada minuto, cada segundo.
Y veo como el tiempo
avanza sin permiso
desafiándonos en un pulso
que estamos destinados a perder
si no ponemos remedio.

Y siempre llegan...
Las 11:11... las 22:22...
Y pienso en que eres mi luz,
mi sol, mi persona amarilla.
Esa que siempre me ilumina.
La que me hace brillar
siempre que me mira...
Porque tienes esa magia
que me encandila,
que calienta mi alma
con tan solo una caricia.

Y pienso en tu risa
que me eleva al cielo

y con ella se disipan
las nubes que
puedan habitar
en mis pensamientos…
Y es que cuando te veo,
cuando te toco,
cuando te siento…
Todo parece más simple,
más real, más posible.
Más auténtico.
Y pienso en ti y en mí,
en ese nosotros
que siempre hemos sido,
que nunca hemos
dejado de ser
porque es eterno…
Y me gustaría tener
un poco de ventaja,
mirar al tiempo a los ojos
y decirle «¿has visto?,
te hemos ganado…».

Porque, ¿sabes?,
realmente mi único deseo
cada instante del día
es despertarme
siempre con esa chispa
de luz a mi lado

que involuntariamente
me ilumina…
Porque eres como el sol:
brillante, cálido y amarillo.

Gracias por ser quien
me hace brillar,
quien me llena de felicidad,
esperanza y tranquilidad…
Quien en cada suspiro
me hace creer
que quizá esta vez
sí sea posible…
Y podamos convertirnos
en nuestra realidad.

TERCERA PARTE

EL REQUEBRAMIENTO

Cuando el recuerdo y el reencuentro no son suficientes…
Lo que queda vibrando en el aire deseando ser.
Lo que se rompe en silencio manteniendo la esperanza.

LA GRIETA

Siempre se me ha dado mejor escribir.
Decirte lo que llevo dentro así.
Y ahora me lloran las letras,
los versos… los suspiros.
Se me ha hecho una grieta
donde empieza el alma
y termina el corazón.
Y no para de filtrar agua
que sale en forma de lágrimas
a través de mis ojos
que solo pueden verte a ti…
Visualizar la vida a tu lado.

Pero esa grieta
también es mágica
y resulta que entra la luz…
Un camino de energía
que corre rápido y veloz
hasta llegar a ti,
y cuando lo consigue,
explota.
Como si dos estrellas
colisionaran en medio del universo.
Y se formase solo una.
Eso es lo que siento,
cuando estoy contigo.

Una fuerza imantada…
Que no me permite
separarme de ti.
Que me dice que eres tú.
Que ya no hay más…
Que todo tiene sentido.
Porque no puede ser
de otra manera.

Y así…
Sin darme cuenta,
entre todas las lágrimas
y este dolor que
me aprieta el corazón,
aprendo a querer esta grieta
que me sigue enseñando
que amarte es mi cometido.
Que es lo más importante
que haré en la vida…
Aunque nunca le encuentre el sentido,
pero es que no hace falta.
Porque las cosas más reales,
más auténticas, las de verdad…
no lo tienen.

Y así…
Tu caricia, tu beso
tu abrazo, tu voz…

Entra por esa grieta
a raudales de amor
inundándolo todo,
sanándolo poco a poco.
Y con su efecto,
lo siento…
sin darme cuenta
esa grieta se cura.

LA CAÍDA

Me ha invadido un dolor
que aún no conocía…
Es curioso que seas tú
el origen de todo
y en el fondo tiene
todo el sentido del mundo.
Cuanto más ames el sueño
más dolerá la realidad…

Y esta sensación de vaivén
que se apodera de mí
me hace perder el sentido
y que mi corazón cabalgue
en un caballo desbocado.
Que hace que las olas
de un mar lleno de dudas
arrastren una y otra vez
todos esos pensamientos
que se amontonan poco a poco,
como los granos de arena
en la orilla de tus labios…
y me hacen chocar.

Pero es que tus besos
son ese lugar donde
valdría la pena que

la resaca de las olas
me arrastrara siempre…
He sentido tus miedos
agarrándome el cuello
con las dos manos…
Sintiendo cómo me ahogaba
para poder traspasarme
y llegar hasta el alma.

Y cuando ahí llega la tristeza,
esa tristeza que quema y aprieta…

solo puedo abrazarme
a ti para que se calme.
Para que sepa que no pasa nada…
O que sí que pasa,
pero que al final pasará.

Y entonces llega el vacío,
el abismo que me enfrenta
y me mira a los ojos.
Hay un espacio inmenso
entre nosotros,
pero yo me doy la vuelta
y observo todo por última vez.
Porque tú has saltado,
y si tú saltas, yo salto.
No hay marcha atrás,

no hay más que pensar…
Siento que me cogen,
tiran de mí como han tirado de ti,
pero tengo el infinito
de tu mirada por delante.

Así que no dudo
y me suelto.
Sonrío mientras me dejo caer…
Porque hay veces
que solo la caída
es lo que te salva.

ADIÓS

Hay un vacío
en el que es difícil caer
sobre todo
cuando confías en la otra persona.
Algo tan corto
tan sencillo
tan simple…
La escueta
conjugación
de cinco letras
que puede atravesar
como un cuchillo
quemar como el fuego
ahogar como el mar…
Cómo algo tan inocente
como una palabra
puede matarte
aunque sigas con vida…

Y la dices sin pensar
como si dijeras
cualquier otra cosa
se queda suspendida en el aire
como cuando aprietas una bala
Y busca el camino hacia su víctima…
Y entonces disparas.

PUM

Y es tu A D I Ó S
el que me mata.

ORIÓN

Miro al cielo, y justo enfrente de mí
veo Orión y su cinturón,
que como ya sabes
es de donde nacen todas las estrellas.
Esas que tintinean cuando las miras
y hacen que tus ojos brillen más que ellas.

El frío de la noche
me ha helado la nariz
y me ha devuelto aquí
justo donde siento
que me acaricia tu ausencia…
Es curioso sentir que estás,
pero seguir esperando
el calor de tu cuerpo junto al mío.

Hay caminos que se recorren mil veces
sin llegar nunca a su destino.
Y eso es lo que te pasa conmigo.
Quieres, lo intentas… pero te rindes
y nunca terminas de llegar.
Y qué tristeza.
Es un dolor indescriptible.
Quizá como una punzada aguda
que siendo tan fina
se clava hasta el alma

y duele como si fuese
el disparo de un cañón
que me arrolla, me derrumba,
me deja tocada y hundida…

Y yo sigo pensando en la
balada lenta y frenética
de tu cuerpo junto al mío.
En lo que tenemos
y todo lo que podríamos tener.
En todo lo que somos…
Y todo lo que podríamos ser.
Y es que me resulta inevitable.
Porque tratándose de ti,
imagino todo lo imposible
tratando de hacerlo posible.
Y los ojalás se me escapan
en forma de suspiros…
Y caen recorriendo mis mejillas.

Y ahí sigue Orión,
casi parece que me mire
intentando consolarme
aunque sepa que no existe
consuelo alguno…
Y es que no hay nada
más desolador,
más desesperanzador,

que cause más dolor…
que seguir esperando,
como ya lo hice una vez,
la triste historia
de tu cuerpo junto al mío.

FUGACIDAD

Hace un tiempo leí…
que las estrellas dicen
que los fugaces
somos nosotros.
Y no les falta razón…
La fugacidad de una vida,
si lo piensas, es increíble.

¿Qué sentido tiene entonces
vivir una vida que no quieres?
Estar con personas
que no te llenan.
Hacer cosas que no
te aportan nada.
Dejar que el día a día
te arrolle sin hacer
lo que de verdad quieres…
Y es que si lo piensas
hasta es absurdo…
Porque sabemos
que estamos de paso,
que lo que nos vamos a llevar
son esos momentos
que realmente
nos llenan de felicidad.

Esas personas que nos
hacen temblar el corazón.
Esos instantes que nos
alegran sin darnos cuenta.
¿Y qué sentido tiene entonces
vivir una vida deseando otra?
Soñar con traspasar la pantalla
y fundirme en tu abrazo.
Anhelar llegar a casa
y tumbarme en el sofá a tu lado.

Proyectar una y otra vez,
entrelazar nuestras manos
y darme la vuelta en la cama
sabiendo que siempre
te voy a encontrar
al otro lado…
Y es que si lo piensas
es totalmente absurdo.

Que pasen los segundos,
los minutos, las horas, los días,
las semanas, los meses,
que incluso pasen los años…
Y dejemos que nada cambie.
Que me siga poniendo nerviosa
al saber que voy a verte.
Que se me rían los huesos

cuando nuestras miradas
se encuentren.
Que esté dispuesta a hacer
cualquier locura que
me lleve a tu lado…
Y que siga cerrando los ojos
escapándose un suspiro
entre mis labios, imaginando
que se cruza en mi vida
una estrella fugaz…
y deseándote cada instante
sin remedio, una vez más.

VOLAR

Ni siquiera me salen las palabras...
tu actitud me ha dejado muda
nadando en un mar de dudas.
No entiendo cómo ni porqué
igual que tú no sabes
ni cómo ni cuánto...

Y quiero decirte todo
pero la tristeza me ahoga
y no me sale nada.
Me pesa el tiempo.
Los segundos, minutos,
horas, días, semanas...
son lentos sin ti.

Un silencio ensordecedor
me grita, me aprieta,
me ahoga, me corta la respiración
y me grita al oído...
«La indiferencia es lo que más duele».
Y lo que te parte el corazón en dos.
Y las dudas me inundan,
me hacen perder la razón...
y ya no sé si serviría de algo
decirle a mi yo de hace años
«Quédate, es ahí... es él».

Si al final eres tú quien
no quiere ver nuestra verdad.
Quien nunca se atrevería a saltar…

Un dolor punzante me invade,
me hace temblar.
Qué difícil creer que es posible,
que todo puede pasar,
pensar que podía ser realidad
y es que inevitablemente
sin medida alguna,
creí en nosotros, una vez más…
Un gran poeta escribió una vez
«Volverán las oscuras golondrinas…».
Y así es, siempre vuelven…
Y se me hace un nudo en la garganta
porque pronto volverán.
Y pienso que tú ya no estarás aquí,
que no podré reír junto a ti…
Pero yo las veré volar.
Soñaré que quizá en otra vida
vuele con ellas
y tú vuelvas sin dudar.

Y cierro los ojos…
Soñando que la vida
pondrá todo en su lugar.
Que abriré las alas,

alzaré el vuelo,
que todo el dolor pasará…
Y es que tú, que decías amarme,
que me pedías que no te soltara,
que tú nunca me soltarías jamás…
me dejaste caer tantas veces
que al final aprendí a volar.

EL ANCLA

Hay palabras que decimos
sin saber que abren brechas
que duelen para siempre.
La desilusión se hace
un hueco en la herida.
Y la vida te hace darte cuenta
de que has ido avanzando
con ese sentimiento
que realmente nunca se ha ido.

Ese amor que te va a perseguir
por mucho tiempo que pase.
Y duele, como duele el golpe
de un tropiezo del que te levantas
sabiendo que volverás a caer.
Igual que esta lluvia de marzo
que te cala de cualquier forma
porque aunque creías estar preparada
no la has visto venir…
y lo inunda todo.
(¿Hablábamos de la lluvia…?).

Y yo me dejo llevar por este impulso
que no puedo controlar
y me delata.
Quizá como siempre.

Quizá como nunca.
Quizá… porque es inevitable.
Y me desnudo en cuerpo y alma,
me desvisto ante ti
sin necesidad de quitarme la ropa.

Pero esta vez no estaba preparada
y la bala se me ha clavado por la espalda.
Y aun así… me seguiría
lanzando a tus brazos
porque esta sensación
me sigue sosteniendo.
Y me quedo anclada a tus besos,
a este sueño, a los recuerdos
y las ilusiones compartidas…
Son malos tiempos para las soñadoras
pero soy muy cabezota
y sigo insistiendo…

Y es que al final todo se resume a eso,
a quien nos hace brillar,
nos acepta con las luces
y las sombras que de igual forma…
llevamos dentro.

UN RINCÓN

No hago más que llorar tu ausencia
No sé si volveré a reír algún día…
Y es que hay vacíos que ahogan
y aprietan tan fuerte
que no hay forma de escapar…
Así que me quedo quieta
por si así apareces y me desatas
de esta pesadilla de la que solo
puedo despertar si es contigo,
a tu lado, junto a ti…

Hay silencios que duelen
y se escuchan gritar a lo lejos.
Y creo que es un sonido parecido
al que hace todo al romperse…
Y yo contengo los *te quiero.*
Los disfrazo de un ¿cómo estás?
cuídate… lleva cuidado…
dime en llegar… pero por dentro
me queman los TE AMO.
Que al final se me escapan
porque junto a ti quieren estar
y echan a volar sin permiso.

Y te pienso aun cuando creo
que no estoy pensando en nada.

Me apeteces a cada instante
porque apareces constantemente.
No hay ninguna versión de mí
que pueda vivir sin ti.
Porque el grano de arena
se convierte en montaña cuando
tengo que afrontar
el día a día sin tu risa,
sin el brillo de tus ojos
y esa voz que me susurra sin prisa
y que el alma me acaricia…

Y en un rincón al que cuesta llegar
sigo sintiendo las ganas compartidas.
El deseo callado,
la ilusión dormida.
Pero todo vivo, como el primer día.
Y es de noche, pero el cielo
sigue vestido de gris
en esta oscuridad
donde hasta la luna
oculta su sonrisa
porque se muere de pena
esperando que tú y yo…
siempre seamos NOSOTROS.

COJAMOS UN COHETE

Llueve afuera
y yo te escribo adentro
porque es lo que mejor sé hacer
para aliviar la ausencia.
Los recuerdos se laminan
y pasean en mi memoria
como tú y yo paseamos
cogidos de la mano…
Y es que estar contigo
es tener el mundo
entre las manos…
Y sentir que lo tienes todo.

Y no puedo entender
ni tus dudas ni tus miedos
porque junto a ti
eso no existe…
No tienen cabida ni lugar.
Quizá puedas disimular,
disfrazar de mentira
nuestra verdad.
Pero al final todo sale,
explota, te inunda…

Y no puedes luchar
contra algo que va contigo,

que siempre te acompañará.
Porque hay historias,
hay conexiones,
hay amores…
que no se pueden explicar,
solo queda dejarse llevar
y entender que
siempre estarán
que siempre latirán
que siempre vivirán…

Y cojamos un cohete
que nos lleve hasta la luna.
Perdámonos mil años
y que no importe nada más,
que si tú me coges de la mano
jamás importará el qué dirán.

QUIERO ESCRIBIRTE

Quiero escribirte,
hasta que no se distinga
el susurro del suspiro,
ni el suspiro del beso
que toca tus labios
sin tocarlos…
Haciéndote estremecer.

Quiero escribirte
hasta que mis latidos
sean tan débiles
que no consigan
que mis manos
interpreten lo que siento…
Y solo sea el sonido
de un rumor en la noche
lo que llega hasta ti.

Quiero escribirte…
Y al final veo las horas pasar
esperando que tú lo hagas.
Deseando que todo pase,
imaginando que es posible
y haciendo del sueño…
una realidad.

SERÁ REAL

Se me ha quedado
el dolor en la garganta
y no me sale la voz…
Siento todos y cada uno
de los instantes
que me alejaron de ti
y me acercaron de nuevo…
Los veo pasar
por delante de mí
como si de una
película de tratase…
Pero es real.
Fue real.
Será real.

Y cada vez duele más,
el sentimiento intacto
creciendo sin parar.
El amor infinito
perenne como las hojas
de un árbol que nunca caen.
El querer que no es suficiente,
la razón que le gana al corazón…
Al alma, a esta unión
que reconocería
en cualquier lugar

en cualquier vida
en cualquier universo.

Y el pensamiento circular
vuelve a mí una y otra vez…
Me envuelve en tu abrazo,
escucho tu voz,
siento tus besos
y huelo tu piel,
que se estremece junto a la mía…
Y no sé cómo afrontar
un día tras otro sin ti,
cómo poder avanzar
en este camino
si no voy cogida de tu mano…

Y ojalá sea verdad
que tú y yo
siempre seremos nosotros,
que da igual el tiempo,
el momento o el lugar…
porque en cualquier otra vida
nos volveremos a encontrar.
Y ojalá entonces…
todo se haga realidad.

YA NO

Es curioso
como hay despedidas
que suceden sin saberlo…
Piensas que das un beso,
un abrazo, una caricia,
una sonrisa, un hasta luego…
Y que pronto volverás
a hacerlo de nuevo.
Pero en un instante,
todo cambia…
Y el *para siempre*
se clava tan adentro
que empieza a doler.

Como los *te quiero,*
las promesas y todo lo demás
que solo *tú & yo* sabemos.
Y sigo en mi empeño
de que quede todo reflejado.
Intento dejar por escrito
todo lo que somos,
todo lo que fuimos,
todo lo que seremos…
Capturar esos instantes,
dejarlos plasmados
de forma que se conviertan

en algo eterno.
(Como nosotros).

Pero al final
todo se reduce
a un momento…
y solo soy aquello
que se quedó
guardado bajo llave
dentro de un candado
que aún cuelga
en el lago del Retiro…
(¿Será suficiente?).
Siempre me abrazo al SÍ.
(¿Cómo no va a ser suficiente?).

Pero entonces la ~~puta~~ realidad
me golpea. Una vez detrás de otra.
Me tropiezo tanto en la piedra
que me la llevo a casa…
Y la dejo donde tengo
todos esos tesoros que
me alivian el dolor…
(una concha del mar, un llavero,
una moneda de 25 pesetas…).

Y quizá la despedida esté
en todo lo que hacemos.

Porque si lo piensas bien
nunca se sabe…
Y ojalá abras la puerta
y sea para quedarte.
Porque si la cierras
quédate con los recuerdos,
ayúdame a aliviar el dolor,
y enséñame a vivir con tu ausencia.
Porque sin ti ya no…
yo ya no puedo.

VUELVE A EMPEZAR

Vuelve a llover…
Como esos días
en los que todo
me recuerda a ti.
Y te veo mirándome,
yo estoy pegada a la ventana
observando cómo la lluvia
acaricia la ciudad…

Siempre me ha
gustado la lluvia,
lo que transmite,
lo que aporta.
Lo que me hace sentir…
La importancia
de su existencia
sin darse cuenta
de que sin ella
no podríamos vivir…

Y justo eso
es lo que hace
que me recuerde a ti…
Porque tú eres así.
No lo sabes,
no lo entiendes,

no eres consciente
de lo importante,
imprescindible
y especial que eres
para el mundo...
para mí.

Y es que lo he intentado,
he hecho por dejarlo
todo a un lado...
Seguir como si nada,
hacer como que esas
señales constantes
no eran más que
una ilusión, una
fantasía a la que mi mente
volvía una y otra vez...
Como si de un
acto reflejo se tratase.

Pero resulta que había
un porqué... tú me hacías
llegar a esos recuerdos
con los tuyos propios.
Y es que es imposible
intentar vivir sin ti...
Esa idea,
ese pensamiento,

ese sentimiento,
no es viable para mí.
No tiene cabida
en mi día a día
ni lugar en el universo
que habito.

Porque no se puede vivir
con aquello que reside
dentro de ti...
Y al final por mucho
que lo intentes
llega un día
en que la lluvia
vuelve a caer...
E inevitablemente
te veo de nuevo
observándome,
como si fuese la
mayor obra de arte
que han visto tus ojos,
mientras contemplo
desnuda frente al cristal

cómo la lluvia,
acaricia nuestra ciudad...

Y en ese instante
todo cobra sentido.
Todo…
vuelve a empezar.

AGRADECIMIENTOS

Gracias a la música, que es salvavidas cuando todo lo demás nos hunde. Que tiene el poder inmenso de ser una fuente de inspiración interminable y que nos transporta a momentos y lugares sin ni siquiera movernos… Y, sobre todo, por ser siempre ese nexo de unión con todo aquello que un día fue. Si escucháis a Iván Ferreiro, a Vetusta Morla, a Viva Suecia, Love of Lesbian, Pol 3.14, Siloé, Nacho Vegas, Rufus T. Firefly... entenderéis muchos de los escritos de este libro.

Gracias a esas personas que pasan por nuestra vida y se quedan a través del tiempo y la distancia. También a las que pasan y se van, dejando siempre algo en nuestro camino. Y a las que llegan sin avisar y cambian el rumbo de todo…

Y **gracias** a ti, que has leído este libro y ahora quizá sepas, como sé yo, que el amor es el auténtico superpoder que puede mover el mundo. Por ello, sea la que sea la situación por la que estás transitando en este momento, nunca dejes de CREER.

Índice

-Tercera parte-

El requebramiento

*

Este libro se terminó de editar en Granada
en septiembre de 2025 por

Aliarediciones

www.aliarediciones.es
info@aliarediciones.es